読みがなを書こう

1 みんな大好き「ピザ」

① 近所のピザ屋が、遠くに移転した。

② ピザの種類が多くて、目移りする。

③ メニューの広告を配布された。

④ 温かさを保つ、たく配ピザ。

⑤ 保育園児の弟は、ピザが大好き。

⑥ ピザ屋のエプロンは布地だ。

⑦ 桜エビのトッピングピザは、まるで春を告げるようだ。

漢字を書こう

1 みんな大好き「ピザ」

① 近所のピザ屋が、遠くにいてんした。

〔　　〕

② ピザの種類が多くて、めうつりする。

〔　　〕

③ メニューのこうこく(あ)をはいふ(い)された。

(あ)〔　　〕 (い)〔　　〕

④ 温かさをたもつ、たく配ピザ。

〔　　〕

⑤ ほいくえんじの弟は、ピザが大好き。

〔　　〕

⑥ ピザ屋のエプロンはぬのじだ。

〔　　〕

⑦ さくら(あ)エビのトッピングピザは、まるで春をつげる(い)ようだ。

(あ)〔　　〕 (い)〔　　〕

ミニ字典

1 みんな大好き「ピザ」

布

音 フ

訓 ぬの

プラス！

散布、布教、毛布

告

音 コク

訓 つげる

プラス！

告示《こくじ》、告知、告白、告別、報告《ほうこく》、予告

移

音 イ

訓 うつる　うつす

プラス！

のぎへん（禾）は、ノときへん（木）でできている。

「移」の夕は肉のことで、のぎへん（禾）は実ったイネのこと。たくさんの肉とイネでお祭りをすることで、わざわいを他に移《うつ》したそうだよ。

桜

音 ―

訓 さくら

プラス！

桜の花びらの首かざりをした女性《じょせい》の形。

保

音 ホ

訓 たもつ

プラス！

にんべん（亻）と赤ちゃんを大事にくるんだ形。

読みがなを書こう

2 大人は飲みすぎ注意！

① 「ビールを週に一回に減らしてね。」

② 「禁酒《きんしゅ》は、減量にもなるよ。」

③ 「パパのでいすい状態(あ)は見たくない。態度(い)を改めて！」

あ

い

④ 「保護者の酒量に注意！」

⑤ 「かん護師さんにもおこられるよ。」

⑥ 「炭酸《たんさん》を飲んだら、お酒も減るよ。」

⑦ 「年賀状で禁酒をちかおう。」

漢字を書こう

2 大人は飲みすぎ注意！

① 「ビールを週に一回にへらしてね。」

② 「禁酒《きんしゅ》は、げんりょうにもなるよ。」

③ 「パパのでいすいじょうたい㋐は見たくない。たいど㋑を改めて！」

㋐

㋑

④ 「ほごしゃの酒量に注意！」

⑤ 「かんごしさんにもおこられるよ。」

⑥ 「炭酸《たんさん》を飲んだら、お酒もへるよ。」

⑦ 「ねんがじょうで禁酒をちかおう。」

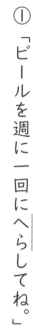

ミニ字典

2 大人は飲みすぎ注意！

態

音 タイ

訓 ―

プラス！

部首は「心《こころ》」。
「灬《れんが》」なら「熊」。

状

音 ジョウ

訓 ―

プラス！

案内状、液状化《えきじょうか》、
現状《げんじょう》、賞状《しょうじょう》、白状

減

音 ゲン

訓 へる
へらす

プラス！

右側は「成」とまち
がえやすいよ。

護の中には、「隹《とり》（小さな鳥）」がいるよ。「艹」と「又」はどちらも手を表すよ。上と下からはさみこんでいるんだ。
だから「蒦」は、両手で大切に「隹」を守っているという意味なんだって。

師

音 シ

訓 ―

プラス！

医師、教師、調理
師、美容師《びようし》、漁師

護

音 ゴ

訓 ―

プラス！

下は又。夕や夂
じゃないよ。

読みがなを書こう

3 バーベキューをしよう！

① 河原でバーベキューだ！

「川原」と同じ意味だよ

② 外で食べるのは、快適だ。

③ 春のバーベキューは快い。

④ 買い出しで、店を往復した。

⑤ 右往左往して、火をつけた。

⑥ 塩《しお》コショウを適度にふる。

⑦ 天気は快晴！味は最高！

⑧ 食よく回復！また食べよう！

漢字を書こう

3 バーベキューをしよう！

① かわらでバーベキューだ！

「川原」でない方だよ

［　　］

② 外で食べるのは、かいてきだ。

［　　］

③ 春のバーベキューはこころよい。

［　　］

④ 買い出しで、店をおうふくした。

［　　］

⑤ うおうさおうして、火をつけた。

［　　］

⑥ 塩《しお》コショウをてきどにふる。

［　　］

⑦ 天気はかいせい！味は最高！

［　　］

⑧ 食よくかいふく！また食べよう！

［　　］

ミニ字典

3 バーベキューをしよう！

適

音 テキ

訓 —

プラス！
「商」とまちがいやすいよ！

快

音 カイ

訓 こころよい

プラス！
送りがなに注意！

河

音 カ

訓 かわ

プラス！
大きな川のときは、この河を使うよ。

ぎょうにんべん（彳）は、「行（十字路）」の左側を表しているよ。だから、「行く」や「道」に関係ある言葉に使うんだね。

復

音 フク

訓 —

プラス！
「複」とまちがえる人が多いよ。

往

音 オウ

訓 —

プラス！
さんずいなら「注」、にんべんなら「住」だね。

4 食事のマナー

① 迷いばしは、禁止だ！

あ（　　　）　い（　　　）

② 絶対に「はしわたし」はだめ。

（　　　）

③ 笑顔の絶えない食たくを心がける。

（　　　）

④ 食べる前は、手を清潔にする。

（　　　）

⑤ 魚の頭は左向き。逆にしない！

（　　　）

⑥ 逆さばしも、ぎょうぎが悪い。

（　　　）

「迷いばし」は、おはしを持ったまま食べ物の上をあちこち迷うこと。「逆さばし」は、大皿の料理から自分の分をとろうとして、おはしを反対にして使うことだよ。

漢字を書こう

4 食事のマナー

① まよいばし(あ)は、きんし(い)だ！

(あ)［　　　］　(い)［　　　］

② ぜったいに「はしわたし」はだめ。

［　　　］

③ 笑顔のたえない食たくを心がける。

［　　　］

④ 食べる前は、手をせいけつにする。

［　　　］

⑤ 魚の頭は左向き。ぎゃくにしない！

［　　　］

⑥ さかさばしも、ぎょうぎが悪い。

［　　　］

「はしわたし」は、はしからはしへ直接《ちょくせつ》食べ物を受けわたすことだよ。

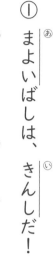

ミニ字典

4 食事のマナー

絶

音 ゼツ

訓 たえる　たやす　たつ

プラス！

「絶対」と「全体」を書きまちがえないように注意。

禁

音 キン

訓 ―

プラス！

解禁《かいきん》、禁固、禁酒、禁制《きんせい》、禁断《きんだん》、禁物

迷

音 ―

訓 まよう

プラス！

迷い犬、道に迷う、路頭に迷う

「禁」は、神様のいる「林」に、神様を祭る「台（示）」を置《お》いた形。神様のいる場所なので、人が入ったり、かりをするのを禁止《きんし》したりしたそうだよ。

逆

音 ギャク

訓 さか　さからう

プラス！

「屰」は「大」をさかさにした形。

潔

音 ケツ

訓 ―

プラス！

潔白、高潔、不潔

5 読みがなを書こう

昔話にも食べ物

① 白雪ひめはまじょの毒(あ)リンゴを食べて、永遠(い)のねむりについた。

あ（　　　）　い（　　　）

② 話の導入で、おにぎり登場。

（　　　）

③ カボチャの馬車をネズミが導く。

（　　　）

④ さるに青ガキで殺されたカニ。

（　　　）

⑤ カがわくきび団子(あ)をもらっても、オニを殺害(い)できない…。

あ（　　　）　い（　　　）

⑥ 殺意を持った、うすの一げき。

（　　　）

⑦ 地ぞうの一団が米をくれた。

（　　　）

⑧ 末永くくらしましたとさ。

（　　　）

漢字を書こう

5 昔話にも食べ物

① 白雪ひめはまじょの(あ)どくリンゴを食べて、(い)えいえんのねむりについた。

(あ)〔　　〕 (い)〔　　〕

② 話のどうにゅうで、おにぎり登場。

〔　　〕

③ カボチャの馬車をネズミがみちびく。

〔　　〕

④ さるに青ガキでころされたカニ。

〔　　〕

⑤ 力がわく(あ)きびだんごをもらっても、オニを(い)さつがいできない…。

(あ)〔　　〕 (い)〔　　〕

⑥ さついを持った、うすの一げき。

〔　　〕

⑦ 地ぞうのいちだんが米をくれた。

〔　　〕

⑧ すえながくくらしましたとさ。

〔　　〕

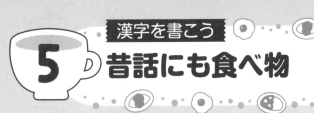

ミニ字典

5 昔話にも食べ物

導

音 ドウ

訓 みちび**く**

プラス！

引導、指導、先導、導火線、導き出す

永

音 エイ

訓 なが**い**

プラス！

水が遠く長く流れること。氷ではないよ！

毒

音 ドク

訓 —

プラス！

消毒、毒殺《どくさつ》、毒草、毒をもって毒を制《せい》す

「団」は、もとは「團」という字で、ふくろに入れたものを「寸（手）」で打って固めて、外から包んだ形。だから、まるい・あつまり・かたまりという意味になるよ。

団

音 ダン

訓 —

プラス！

一団、楽団、集団、団結、団体、大団円

殺

音 サツ

訓 ころ**す**

プラス！

「殳《るまた》」は、つえのように長い武《ぶ》器《き》。

おまけ

漢字の書き順　九つの原則

①上↓下　三、工、言

②左↓右　川、休、心

③横↓たて　十、七、土

※左上が角ならたて↓横　四、月、口

④左はらいから　人、入、九

⑤かまえは周り↓中身↓ふた　国、回、問、内

⑥中↓左↓右　小、水、金、赤

⑦交わる３本より多い横は横横で終わる　青、田、日、王、集

⑧くしざしで終わり　中、女、毎、半

⑨にょうは後から　道、運

これらの原則《げんそく》にあてはまらない例外もあるので、気をつけよう。

6 食べ物ことわざ

読みがなを書こう

①　夫婦げんかは、犬も食わない。

（　　　　）

②　馳走《ちそう》終わらば、油断（あ）するな。

…人がごちそうしてくれるときは、何かたくらみがあるかもしれないから、油断してはいけないということ。

そんなごちそうなら、断（い）ろう。

（あ）（　　　　）

（い）（　　　　）

③　食わず貧楽《ひんらく》高まくら。

…貧（あ）ぼうでも、気楽におだやかにくらしていること。

お金の貧（い）しさよりも、心の豊《ゆた》かさが大切だね。

（あ）（　　　　）

（い）（　　　　）

④　親《しん》は泣き寄（あ）り、他人は食い寄り。

悲しむ人にこそ、寄付（い）をしたいね。

（あ）（　　　　）

（い）（　　　　）

漢字を書こう

6 食べ物ことわざ

① ふうふげんか（ふうふげんか）は、犬も食わない。

…ふうふげんかの原因《げんいん》はつまらないものだから、他の人が間に入るまでもないこと。

② 馳走《ちそう》終わらば、ゆだん（あ）するな。

そんなごちそうなら、ことわろう（い）。

（あ）

（い）

③ 食わず貧楽《ひんらく》高まくら。

…びんぼう（あ）でも、気楽におだやかにくらしていること。

お金のまずしさ（い）よりも、心の豊《ゆた》かさが大切だね。

（あ）

（い）

④ 親《しん》は泣きより（あ）、他人は食いより。

…不幸があったとき、親類は心から悲しんで集まってくれるが、他人は、食べ物のために集まるということ。

悲しむ人にこそ、きふ（い）をしたいね。

（あ）

（い）

食べ物ことわざ

婦

音 フ

訓 ―

プラス！

右側は「帚」が元の字で、ほうきのことだよ。

断

音 ダン

訓 ことわる

プラス！

英断、決断、切断、中断、断言、断水

貧

音 ビン

訓 まずしい

プラス！

「分」と「貝」からできているね。

寄

音 キ

訓 よる　よせる

プラス！

「奇」の字は、「可」より「大」の方が小さいよ。

「貧」の字の中にある「貝」は、昔の中国でお金の代わりとして使われていたそうだよ。「貧」の字は、お金、つまり財産《ざいさん》を分けて、まずしくなるということだよ。

読みがなを書こう

7 お気に入りのラーメン屋

① 店主はこわいが、評価は高い。

② 千円以上の価値があるラーメン。

③ 職人気質の店主。

④ 品質の良い小麦を使っためん。

⑤ とんこつとしょう油を混ぜたスープ。

⑥ 昼時には、たくさんの客で混む。

⑦ 道に迷《まよ》って、混らんした。

⑧ 虫が混入する事件《じけん》があった。

漢字を書こう

7 お気に入りのラーメン屋

①店主はこわいが、ひょうかは高い。

②千円以上のかちがあるラーメン。

③しょくにんきしつの店主。

④ひんしつの良い小麦を使っためん。

⑤とんこつとしょう油をまぜたスープ。

⑥昼時には、たくさんの客でこむ。

⑦道に迷《まよ》って、こんらんした。

⑧虫がこんにゅうする事《じ》件《けん》があった。

ミニ字典

7 お気に入りのラーメン屋

職

音 ショク

訓 —

プラス！

「織」や「識」とまちがえないように注意。

価

音 カ

訓 —

プラス！

価格《かかく》、真価、時価、定価、売価、物価

評

音 ヒョウ

訓 —

プラス！

「言」と「平」で、公平に相談する意味だよ。

混

音 コン

訓 まじる　まざる　まぜる　こむ

プラス！

混交、混合、混声、混入、混じり気

質

音 シツ

訓 —

プラス！

悪質、質問、質量、性質《せいしつ》、素質《そしつ》、良質

「昆」は昆虫《こんちゅう》を表しているそうだよ。たくさんの色んな虫が群れ集まっていることから、「混」は、まじるということなんだって。

読みがなを書こう

8 夏は夜店が楽しみ

①綿（あ）あめの夜店を出す許可（い）。

あ（　　　）　い（　　　）

②何を買うかの、綿みつな計画。

（　　　）

③留守番（あ）の弟には、たこ焼きを買って許（い）してもらおう。

あ（　　　）　い（　　　）

④母の「食べすぎ注意」を心に留める。

（　　　）

⑤ガスコンロの設備がある屋台。

（　　　）

⑥小さいりんごあめで、次に備える。

（　　　）

⑦設けられているベンチで食べる。

（　　　）

漢字を書こう

8 夏は夜店が楽しみ

① あわたあめの夜店を出すいきょか。

あ〔　　〕 い〔　　〕

② 何を買うかの、めんみつな計画。

〔　　〕

③ あるすばんの弟には、たこ焼きを買ってい ゆるしてもらおう。

あ〔　　〕 い〔　　〕

④ 母の「食べすぎ注意」を心にとめる。

〔　　〕

⑤ ガスコンロのせつびがある屋台。

〔　　〕

⑥ 小さいりんごあめで、次にそなえる。

〔　　〕

⑦ もうけられているベンチで食べる。

〔　　〕

ミニ字典

8 夏は夜店が楽しみ

留

音 リュウ　ル

訓 と**める**　と**まる**

プラス！

残留、停留所《ていりゅうじょ》、留学、留年、留任《りゅうにん》

許

音 キョ

訓 ゆる**す**

プラス！

めん許は、何かをするのを許してもらうこと。

綿

音 メン

訓 わた

プラス！

綿は、綿花という花からとれる。

「留」は「卯」と「田」をあわせた形だよ。ここでの「卯」は、川のそばに水たまりができている形で、田に水がたまることを表しているよ。

備

音 ビ

訓 そな**える**　そな**わる**

プラス！

右側を「冓」にしないように注意。

設

音 セツ

訓 もう**ける**

プラス！

開設、建設、設営《せつえい》、設計、設立、増設《ぞうせつ》

読みがなを書こう

9 キャンプ最高！

① テントを張った後にカレーを作る。

② 初めてのキャンプで、きん張する。

③ たき火の管理をすると主張。

④ スギの枝に火をつける。

⑤ となりの人が提供(あ)してくれたハムは、木の幹(い)のように太かった。

あ

い

⑥ 帰りの新幹線でおやつを食べた。

⑦ 次は新メニューを提案しよう。

漢字を書こう

9 キャンプ最高！

① テントをはった後にカレーを作る。

② 初めてのキャンプで、きんちょうする。

③ たき火の管理をするとしゅちょう。

④ スギのえだに火をつける。

⑤ となりの人がていきょうしてくれたハムは、木のみきのように太かった。

あ

い

⑥ 帰りのしんかんせんでおやつを食べた。

⑦ 次は新メニューをていあんしよう。

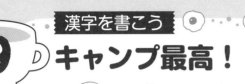

ミニ字典

9 キャンプ最高！

「長」は髪《かみ》の毛が長い人を横から見た形だよ。
その人は老人で、指導者《しどうしゃ》なので、「かしら」の意味があるよ。
だから、会長や社長のように使われるんだね。
「張」は、その長い髪がなびくように弓のつるが広がる意味だよ。

張

音 チョウ
訓 はる

プラス！
出張、張本人、張力

提

音 テイ
訓 ―

プラス！
前提、提案、提言、提示《ていじ》、提出

幹

音 カン
訓 みき

プラス！
幹事、幹部、根幹、主幹、基幹産業《きかんさんぎょう》

枝

音 ―
訓 えだ

プラス！
「支」は、小枝を手（又）で持つ形。

読みがなを書こう

10 お家でケーキ作り

① クリームをあわ立てる技術。

② スポンジを、型に入れて焼く。

③ 典型的なショートケーキだ。

④ タルトと比べてかん単に作れる。

⑤ タルトきじと食感の比かくをする。

⑥ 食べ過《す》ぎて体重が増えちゃう。

⑦ バターを増量して作ろう。

⑧ 「おいしい。」の一言で、やる気が増す。

漢字を書こう

10 お家でケーキ作り

① クリームをあわ立てるぎじゅつ。

② スポンジを、かたに入れて焼く。

③ てんけいてきなショートケーキだ。

④ タルトとくらべてかん単に作れる。

⑤ タルトきじと食感のひかくをする。

⑥ 食べ過《す》ぎて体重がふえちゃう。

⑦ バターをぞうりょうして作ろう。

⑧ 「おいしい。」の一言で、やる気がます。

ミニ字典

10 お家でケーキ作り

型

音 ケイ
訓 かた

プラス！
原型、典型、大型、型紙、小型、新型

術

音 ジュツ
訓 ―

プラス！
芸術、美術、話術

技

音 ギ
訓 ―

プラス！
演技《えんぎ》、球技、競技、技能《ぎのう》、特技

増

音 ゾウ
訓 ます ふえる ふやす

プラス！
急増、増減《ぞうげん》、増水、増税《ぞうぜい》、倍増、水増し

比

音 ヒ
訓 くらべる

プラス！
左と右のちがいをよく見てね！

「比」は右向きの人をならべた形。二人がならんでいるので、「くらべる・ならべる」の意味なんだって。

おまけ

おかしを漢字で書くと？

☆漢字で書いてあるおかしの名前を（　）に書きましょう。

①砂糖天麩羅

（　　　　　）

ヒント さとうがまぶしてあって、天麩《てんぷ》羅《ら》のように油であげるおかし。

②布顛

（　　　　　）

ヒント 「顛」はてっぺんと逆《さか》さの意味があるよ。逆さにするおかしは何かな？

③車厘

（　　　　　）

ヒント 音読みなら、車はシャ、厘はリだね。「シャリ」に近い読み方のおかしは何かな？

④氷菓子

（　　　　　）

ヒント これはかん単だね。氷のおかしだよ。

答え：①ドーナツ　②プリン　③ゼリー　④アイスクリーム

読みがなを書こう

11 飲み物いろいろ

① サイダーのあわは、二酸化炭素。

② 朝起きてすぐ水を飲む習慣。

③ レモネードのすっぱさに慣れた。

④ 家庭科の授業でお茶を入れた。

⑤ レンジでコーヒーを再加熱する。

⑥ 再来年からお酒が飲める成人だ。

⑦ 再びコーラをお代わりする。

⑧ 熱いお茶を少しずつ飲んで慣らす。

漢字を書こう

11 飲み物いろいろ

① サイダーのあわは、にさんかたんそ。

② 朝起きてすぐ水を飲むしゅうかん。

③ レモネードのすっぱさになれた。

④ 家庭科のじゅぎょうでお茶を入れた。

⑤ レンジでコーヒーをさいかねつする。

⑥ さらいねんからお酒が飲める成人だ。

⑦ ふたたびコーラをお代わりする。

⑧ 熱いお茶を少しずつ飲んでならす。

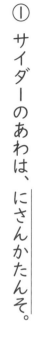

ミニ字典

11 飲み物いろいろ

慣

音 カン

訓 なれる ならす

プラス！

慣習、慣用句《かんようく》、慣例、場慣れ、不慣れ

素

音 ソ

訓 ―

プラス！

色素、質素《しっそ》、素材、素地、素読

酸

音 サン

訓 ―

プラス！

「夋」は、人が手を組んでいる形。

「素」は糸の束をそめる時の形だよ。糸の束を結んだところは、元のまま白い色が残ることから、本来の性質《せいしつ》という意味になるよ。

再

音 サイ・サ

訓 ふたたび

プラス！

再開、再生、再度、再来週

授

音 ジュ

訓 ―

プラス！

爫（手）から又（手）へ冖（皿）をわたす形。

読みがなを書こう

12 高級レストランへ行こう

① ㋐貯金を使いきっても㋑損はない。
㋐（　　）　㋑（　　）

② このレストランは町の財産だ。
（　　）

③ 店のこだわりは、木製の食器。
（　　）

④ 有名人との写真が入った額。
（　　）

⑤ 高額な食材。
（　　）

⑥ シェフの額のあせは熱意の表れ。
（　　）

⑦ お土産《みやげ》のお手製クッキー。
（　　）

⑧ さすがに、おどろきの金額だ！
（　　）

漢字を書こう

12 高級レストランへ行こう

① ちょきん(あ)を使いきってもそん(い)はない。

あ［　　］　い［　　］

② このレストランは町のざいさんだ。

［　　］

③ 店のこだわりは、もくせいの食器。

［　　］

④ 有名人との写真が入ったがく。

［　　］

⑤ こうがくな食材。

［　　］

⑥ シェフのひたいのあせは熱意の表れ。

［　　］

⑦ お土産《みやげ》のおてせいクッキー。

［　　］

⑧ さすがに、おどろきのきんがくだ！

［　　］

ミニ字典

12 高級レストランへ行こう

財

音 ザイ

訓 ―

プラス!

財産、財力、文化財

損

音 ソン

訓 ―

プラス!

損益《そんえき》、損害、損失、破損《はそん》、書き損じ

貯

音 チョ

訓 ―

プラス!

「丁」だよ。つき出さないようにね。

「貯」「損」「財」にはどれも「貝」が入っているね。昔、中国では貝がお金だったから、お金に関する漢字は、「貝」を使うんだよ。

額

音 ガク

訓 ひたい

プラス!

「頁」は「百」にならないように注意してね。

製

音 セイ

訓 ―

プラス!

製品・製造《せいぞう》など、物を作るという意味だよ。

13 読みがなを書こう
お米を食べよう

① げん米を精米すると、白米になる。
（　　　）

② 貿易(あ)で、米を輸出(い)する。
あ（　　　）　い（　　　）

③ おにぎりの作り方は、易しい。
（　　　）

④ おいしい米作りは、容易ではない。
（　　　）

⑤ 米粉で作ったもちもちのパン。
（　　　）

⑥ だんごは、米の粉から作る。
（　　　）

⑦ シソを粉末にしてご飯にかける。
（　　　）

⑧ 希少な品種を輸送で取りよせる。
（　　　）

漢字を書こう

13 お米を食べよう

① げん米を**せいまい**すると、白米になる。

［　　　　］

② **ぼうえき**(あ)で、米を**ゆしゅつ**(い)する。

あ［　　　　］　い［　　　　］

③ おにぎりの作り方は、**やさしい**。

［　　　　］

④ おいしい米作りは、**ようい**ではない。

［　　　　］

⑤ **こめこ**で作ったもちもちのパン。

［　　　　］

⑥ だんごは、米の**こな**から作る。

［　　　　］

⑦ シソを**ふんまつ**にしてご飯にかける。

［　　　　］

⑧ 希少な品種を**ゆそう**で取りよせる。

［　　　　］

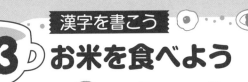

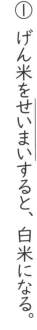

13 お米を食べよう

易

音 エキ・イ

訓 やさしい

プラス!

「易」と「昜」をまちがえないように!

貿

音 ボウ

訓 —

プラス!

「力」じゃなくて、「刀」だよ。注意してね。

精

音 セイ

訓 —

プラス!

精算、精神、精根、精度、精読、精力的

「貿」の上の「卯」は、おそなえのお肉を二つに分ける形。貝はお金。つまり、「貿」は、二つのものを交かんするという意味だよ。

粉

音 フン

訓 こ・こな

プラス!

花粉、粉薬、小麦粉、受粉、火の粉

輸

音 ユ

訓 —

プラス!

運輸・空輸・輸送など運ぶ意味に使う。

14 読みがなを書こう
やっぱりステーキ

① 分厚く切ったステーキが最高！

② きびしい検査に合格《ごうかく》した高級牛肉。

③ 国際的に有名な和牛ブランド。

④ 際限なく食べられるおいしさ。

⑤ 最高級牛肉を出す店は限られる。

⑥ 牛肉を前にして空ふくが限界だ。

⑦ 手厚いおもてなしのステーキ店。

⑧ 目の前で焼いてもらうに限る。

漢字を書こう

14 やっぱりステーキ

①ぶあつく切ったステーキが最高！

②きびしいけんさに合格《ごうかく》した高級牛肉。

③こくさい的に有名な和牛ブランド。

④さいげんなく食べられるおいしさ。

⑤最高級牛肉を出す店はかぎられる。

⑥牛肉を前にして空ふくがげんかいだ。

⑦てあついおもてなしのステーキ店。

⑧目の前で焼いてもらうにかぎる。

ミニ字典

14 やっぱりステーキ

査

音 サ

訓 ―

プラス！
「且」だよ。
「旦」とまちがえないようにね。

検

音 ケン

訓 ―

プラス！
点検、検温、検定

厚

音 ―

訓 あつい

プラス！
「熱い」は湯など、「暑い」は気温などに使う。

「祭」の字は、「月（おそなえの肉）」を、「又（手）」で、「示（さいだん）」の上に置《お》いている形だよ。「お祭り」は、神様にまつるという意味なんだね。

限

音 ゲン

訓 かぎる

プラス！
期限、限定、限度、制限《せいげん》、門限、有限

際

音 サイ

訓 ―

プラス！
交際・国際など、「つき合い」の意味で使うよ。

読みがなを書こう

15 いなかに帰ったら

① 墓参りで、お酒をおそなえ。

② 墓地の前にあるそば屋に寄《よ》る。

③ うら山でタケノコが採れる。

④ ハチミツでカブトムシを採集。

⑤ 仏だんに、メロンのおそなえ。

⑥ 仏様は香りをめし上がる。

⑦ 親せきとの食事に喜んで参加。

⑧ めずらしい食材に喜色満面。

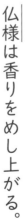

漢字を書こう

15 いなかに帰ったら

① はかまいりで、お酒をおそなえ。

② ぼちの前にあるそば屋に寄《よ》る。

③ うら山でタケノコがとれる。

④ ハチミツでカブトムシをさいしゅう。

⑤ ぶつだんに、メロンのおそなえ。

⑥ ほとけさまは香りをめし上がる。

⑦ 親せきとの食事によろこんで参加。

⑧ めずらしい食材にきしょくまんめん。

ミニ字典

15 いなかに帰ったら

採

音 サイ
訓 とる

プラス！
採決、採算、採点、採用

墓

音 ボ
訓 はか

プラス！
墓石、墓前、墓標、墓参り

喜

音 キ
訓 よろこぶ

プラス！
「士」だよ。「土」にならないように！

仏

音 ブツ
訓 ほとけ

プラス！
「仏」でフランスを表すよ。

「莫」は、「暮《く》れる」の元の字。草の間に日がかくれることから、「ない」「かくす」の意味になったよ。「幕《まく》」は巾《ぬの》でかくす。「墓《はか》」は土でかくす。砂漠《さばく》の「漠」は水がないという意味だよ。

おまけ

テーブルセッティング

☆洋食（フランス料理など）のセッティングだよ。㋐～㋔の食器はそれぞれ何と読むのかな？［　］から選んで、（　）に書こう。

㋐ 肉叉（　　）

㋑ 肉刀（　　）

㋒ 匙（　　）

㋓ 牛酪肉刀（　　）

㋔ 葡萄酒洋杯（　　）

ナイフ　フォーク　スプーン
ワイングラス　バターナイフ

答え：㋐フォーク　㋑ナイフ　㋒スプーン
㋓バターナイフ　㋔ワイングラス

読みがなを書こう

16 スーパーに行こう

① トレイなどの容器（あ）も、食品ごとに種類が複数（い）ある。

あ（　　　）　い（　　　）

② 調味料の品ぞろえが多くて複雑。

（　　　）

③ お買い得（あ）なお総菜（い）！

あ（　　　）　い（　　　）

④ 今日はポイントが三倍得られる日。

（　　　）

⑤ 焼き立てパンで利益を出す。

（　　　）

⑥ サラダは容量で量り売り。

（　　　）

⑦ セール品をかく得した！

（　　　）

漢字を書こう

16 スーパーに行こう

① トレイなどのようき㋐も、食品ごとに種類がふくすう㋑ある。

㋐［　　］ ㋑［　　］

② 調味料の品ぞろえが多くてふくざつ。

［　　］

③ お買いどく㋐なおそうざい㋑！

㋐［　　］ ㋑［　　］

④ 今日はポイントが三倍えられる日。

［　　］

⑤ 焼き立てパンでりえきを出す。

［　　］

⑥ サラダはようりょうで量《はか》り売り。

［　　］

⑦ セール品をかくとくした！

［　　］

ミニ字典

16 スーパーに行こう

総

訓 —

音 ソウ

プラス！

いとへん（糸）に、ハム心と覚えよう！

複

訓 —

音 フク

プラス！

ころもへん（衤）。しめすへん（ネ）と注意！

容

訓 —

音 ヨウ

プラス！

「谷」は、「合」にならないようにね。

益

訓 —

音 エキ

プラス！

「水」と「皿」を合わせて、あふれる意味だよ。

得

訓 え**る**

音 トク

プラス！

「日」の下の「二」は、上の横ぼうの方が長いよ。

17 ママのつぶやき

① （あ）消費税が（い）増税か……。これからは、（う）食費をおさえよう。

（あ）

（い）

（う）

② 情けない。塩を入れちゃった。

③ 料理の苦情は受け付けないわよ。

④ （あ）愛情たっぷり（い）弁当よ。

（あ）

（い）

⑤ 福引の賞品はお米がいい！

⑥ 賞味期《き》限《げん》切れだ……。

⑦ 給食費を入金しなくちゃ。

漢字を書こう

17 ママのつぶやき

① (あ)しょうひぜいが(い)ぞうぜいか……。これからは、(う)しょくひをおさえよう。

(あ)［　　］　(い)［　　］　(う)［　　］

② なさけない。塩を入れちゃった。

［　　］

③ 料理のくじょうは受け付けないわよ。

［　　］

④ (あ)あいじょうたっぷり(い)べんとうよ。

(あ)［　　］　(い)［　　］

⑤ 福引のしょうひんはお米がいい！

［　　］

⑥ しょうみ期限《きげん》切れだ……。

［　　］

⑦ きゅうしょくひを入金しなくちゃ。

［　　］

ミニ字典

17 ママのつぶやき

情

音 ジョウ

訓 なさ**け**

プラス！

感情、情熱、人情、表情、友情

税

音 ゼイ

訓 —

プラス！

関税、国税、税金、たばこ税、地方税

費

音 ヒ

訓 —

プラス！

交際費、交通費、出費、費用、旅費

昔は、税金《ぜいきん》はお米だったんだよ。だから、稲《いな》穂《ほ》を表すのぎへん（禾）を使うんだね。

弁

音 ベン

訓 —

プラス！

花弁、関西弁、弁護《べんご》士《し》、弁明、熱弁

賞

音 ショウ

訓 —

プラス！

つかんむり（⺍）じゃないよ。注意してね。

18 読みがなを書こう
パパのつぶやき

① 制服にカレーが！おこられる！

② 好成績だった。ごちそうだな。

③ 男性(あ)も女性(い)も料理しよう。

あ（　　）

い（　　）

④ 魚の調理は解ぼうを思い出すよ。

⑤ シチューのかくし味が解けるかな。

⑥ 手作りハンバーグで和解しよう。

⑦ 家庭科の成績はひどかった。

⑧ 料理は天性じゃない。努力だ。

漢字を書こう

18 パパのつぶやき

① せいふくにカレーが！おこられる！

［　　］

② 好せいせきだった。ごちそうだな。

［　　］

③ （あ）だんせいも（い）じょせいも料理しよう。

あ［　　］

い［　　］

④ 魚の調理はかいぼうを思い出すよ。

［　　］

⑤ シチューのかくし味がとけるかな。

［　　］

⑥ 手作りハンバーグでわかいしよう。

［　　］

⑦ 家庭科のせいせきはひどかった。

［　　］

⑧ 料理はてんせいじゃない。努力だ。

［　　］

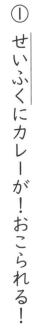

ミニ字典

18 パパのつぶやき

制

音 セイ

訓 ―

プラス!

規制《きせい》、自制、制限《せいげん》、制止、制度、体制

績

音 セキ

訓 ―

プラス!

いとへん(糸)だよ。積じゃないよ!

性

音 セイ

訓 ―

プラス!

植物性、性格《せいかく》、性別、動物性

解

音 カイ

訓 と**く**
と**かす**
と**ける**

プラス!

解決、読解、かみを解かす、問題を解く

「解」は、「刀」を使って、「牛」の頭を、「角」に切り分けること。そこからバラバラにするという意味になったよ。問題を「解《と》く」も、ごちゃごちゃしたことを分かりやすくするということかな?

読みがなを書こう

19 町のぎょうざ屋さん

① 個人経営の人気のぎょうざ店。（　　）

② ぎょうざのみで営まれる店。（　　）

③ 多くの失敗を経てたどりついた味。（　　）

④ 皮が破れてあふれる肉じゅう。（　　）

⑤ 六つ二百五十円は、破格のねだん。（　　）

⑥ 持ち帰りせん門の営業方法。（　　）

⑦ ぎょうざ大食い記録を破るぞ！（　　）

⑧ このぎょうざの味は格別だ。（　　）

漢字を書こう

19 町のぎょうざ屋さん

① こじんけいえいの人気のぎょうざ店。〔　〕

② ぎょうざのみでいとなまれる店。〔　〕

③ 多くの失敗をへてたどりついた味。〔　〕

④ 皮がやぶれてあふれる肉じゅう。〔　〕

⑤ 六つ二百五十円は、はかくのねだん。〔　〕

⑥ 持ち帰りせん門のえいぎょう方法。〔　〕

⑦ ぎょうざ大食い記録をやぶるぞ！〔　〕

⑧ このぎょうざの味はかくべつだ！〔　〕

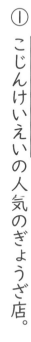

ミニ字典

19 町のぎょうざ屋さん

営

音 エイ

訓 いとなむ

プラス！

中は「呂」だよ。
気をつけてね。

経

音 ケイ

訓 へる

プラス！

経験、経線、経由、
神経、西経、東経

個

音 コ

訓 —

プラス！

個室、個性《こせい》、個別

「皮」は、又（手）で、けものの皮を
はいでいることを表すよ。
「又」は「手」だと
覚えておこう。

格

音 カク

訓 —

プラス！

格式、資格《しかく》、人格

破

音 ハ

訓 やぶる
やぶれる

プラス！

大破、読破、破産

読みがなを書こう

20 食に関わる人々

① おいしさを表現するリポーター。

② ウェイターは、接客の仕事だ。

③ 農家から直接野菜を買う。

④ 才能も努力も必要な料理人。

⑤ 食を演出する仕事がある。

⑥ さあ、お客さんが現れたぞ。

⑦ 食品売り場で、調理を実演。

⑧ 「ごちそう様。」で人々に感謝。

漢字を書こう

20 食に関わる人々

① おいしさをひょうげんするリポーター。

② ウェイターは、せっきゃくの仕事だ。

③ 農家からちょくせつ野菜を買う。

④ さいのうも努力も必要な料理人。

⑤ 食をえんしゅつする仕事がある。

⑥ さあ、お客さんがあらわれたぞ。

⑦ 食品売り場で、調理をじつえん。

⑧ 「ごちそう様。」で人々にかんしゃ。

ミニ字典

20 食に関わる人々

能

訓 ―

音 ノウ

プラス！

心をつけると態《たい》、灬《れんが》をつけると熊だよ。

接

訓 ―

音 セツ

プラス！

応接《おうせつ》、間接、接近、接戦、接待、面接

現

訓 あらわれる、あらわす

音 ゲン

プラス！

現在《げんざい》、現象《げんぞう》、現物、工事現場、出現

謝

訓 ―

音 シャ

プラス！

月謝、謝意、謝罪《しゃざい》、謝辞、謝礼、代謝

演

訓 ―

音 エン

プラス！

演技《えんぎ》、演説、公演、講演《こうえん》、実演、出演

おまけ

食べ物迷路

迷路《めいろ》をたどると、ある食べ物の漢字になるよ。

答え

答え：焼飯

読みがなを書こう

21 料理本を出すぞ！

① 妻(あ)が料理の本を出版(い)した。

(あ)（　　）　(い)（　　）

② 夫妻が好きな料理ものせる。

（　　）

③ 本の表紙は、おにぎりの版画だ。

（　　）

④ か条書きでわかりやすいレシピ。

（　　）

⑤ 編集者とすし屋で打ち合わせ。

（　　）

⑥ 妻(あ)は編(い)み物も得意《とくい》だ。

(あ)（　　）　(い)（　　）

⑦ 子どもも作れる条件で作成。

（　　）

⑧ 月刊しにも、レシピをのせる。

（　　）

漢字を書こう

21 料理本を出すぞ！

① つま（あ）が料理の本をしゅっぱん（い）した。

あ〔　　〕　い〔　　〕

② ふさいが好きな料理ものせる。

〔　　〕

③ 本の表紙は、おにぎりのはんがだ。

〔　　〕

④ かじょう書きでわかりやすいレシピ。

〔　　〕

⑤ へんしゅう者とすし屋で打ち合わせ。

〔　　〕

⑥ つま（あ）はあみ物（い）も得意《とくい》だ。

あ〔　　〕　い〔　　〕

⑦ 子どもも作れるじょうけんで作成。

〔　　〕

⑧ げっかんしにも、レシピをのせる。

〔　　〕

ミニ字典

21 料理本を出すぞ！

条

訓 —

音 ジョウ

プラス！

条文、条約、条令、条例、不条理

版

訓 —

音 ハン

プラス！

「片」は、はねない！

妻

訓 つま

音 サイ

プラス！

「⺕」は、かんざしを持っている手。

刊

訓 —

音 カン

プラス！

「干」を「千」とまちがえないでね！

編

訓 あ**む**

音 ヘン

プラス！

短編、前編、後編、編曲、編隊、編入

読みがなを書こう

22 じゃがいもいろいろ

① き険な包丁よりピーラーで皮むき。
（　　）

② 険しい顔で芽を取る。
（　　）

③ ポテトチップス、略してポテチ。
（　　）

④ 国政でじゃがいもを広めたドイツ。
（　　）

⑤ じゃがいもとなすの花は似ている。
（　　）

⑥ 形で種類を判別する。
（　　）

⑦ 芽に毒《どく》があることが判明した。
（　　）

⑧ 皮むきを省略して調理。
（　　）

漢字を書こう

22 じゃがいもいろいろ

① きけんな包丁よりピーラーで皮むき。

② けわしい顔で芽を取る。

③ ポテトチップス、りゃくしてポテチ。

④ こくせいでじゃがいもを広めたドイツ。

⑤ じゃがいもとなすの花はにている。

⑥ 形で種類をはんべつする。

⑦ 芽に毒《どく》があることがはんめいした。

⑧ 皮むきをしょうりゃくして調理。

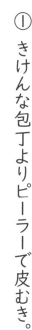

ミニ字典

22 じゃがいもいろいろ

政

音 セイ

訓 ―

プラス！

国政、市政、失政、政治、政府、民政

略

音 リャク

訓 ―

プラス！

計略、省略、戦略、知略、略字、略図

険

音 ケン

訓 けわしい

プラス！

こざとへん（阝）。「検」とまちがえないでね。

のぶん（攵）は、又（手）にぼうやムチを持っている様子だよ。こわいね……。

「教」「整」「放」「敗」「救」など、いろいろな字で使うね。

判

音 ハン

訓 ―

プラス！

大判、小判、判事、判定、判別、判明

似

音 ―

訓 にる

プラス！

お似合い、他人の空似、似顔絵

23 読みがなを書こう
ゆたかな農業

① 耕した豊かな畑でできたカブ。

あ（　　）　い（　　）

② 肥料のおかげで米が豊作。

あ（　　）　い（　　）

③ 生ごみを肥やしにして畑にまく。

（　　）

④ 肥えた目であまいスイカを見分ける。

（　　）

⑤ 耕運機を使うと米作りが楽だ。

（　　）

⑥ もちを入れた雑すいは最高。

（　　）

⑦ 雑に植えると、うまく育たない。

（　　）

⑧ 豊富な自然が、和食を作った。

（　　）

23 ゆたかな農業

① (あ)たがやした(い)ゆたかな畑でできたカブ。

(あ)〔　　〕 (い)〔　　〕

② (あ)ひりょうのおかげで米が(い)ほうさく。

(あ)〔　　〕 (い)〔　　〕

③ 生ごみをこやしにして畑にまく。

〔　　〕

④ こえた目であまいスイカを見分ける。

〔　　〕

⑤ こううんきを使うと米作りが楽だ。

〔　　〕

⑥ もちを入れたぞうすいは最高。

〔　　〕

⑦ ざつに植えると、うまく育たない。

〔　　〕

⑧ ほうふな自然が、和食を作った。

〔　　〕

ミニ字典

23 ゆたかな農業

豊

音 ホウ

訓 ゆた**か**

プラス!

「豆」がかくれているよ。わかるかな？

耕

音 コウ

訓 たがや**す**

プラス!

「耒」じゃないよ。横ぼうは三本。

雑

音 ザツ ゾウ

訓 —

プラス!

雑学、雑草、雑談、雑木林、複雑《ふくざつ》

肥

音 ヒ

訓 こ**える** こえ こ**やす** こ**やし**

プラス!

送りがなに注意。

「月」はお月様ではなく、「にくづき」と言って、肉や人の体を表すよ。

「巴」は、「卩」がもとで、ひざまずく人の形だよ。ひざまずくと、太ももの肉が豊《ゆた》かに見えるね。そこから「太る」の意味になったんだって。

読みがなを書こう

24 さあ給食だ！

① 栄養士考案の給食メニュー。

② おかわりじゃんけんで武者ぶるい。

③ 武士が好んだかしわもちが出た。

④ 給食の歴史の始まりは、山形県。

⑤ 史上最高のメニューはカレー！

⑥ 小学校の思い出は、校舎と給食。

⑦ 牛にゅうを五本飲んだ武勇伝。

⑧ 歴代続く給食の放送。

漢字を書こう

24 さあ給食だ！

① えいようし考案の給食メニュー。

② おかわりじゃんけんでむしゃぶるい。

③ ぶしが好んだかしわもちが出た。

④ 給食のれきしの始まりは、山形県。

⑤ しじょう最高のメニューはカレー！

⑥ 小学校の思い出は、こうしゃと給食。

⑦ 牛にゅうを五本飲んだぶゆうでん。

⑧ れきだい続く給食の放送。

ミニ字典

24 さあ給食だ！

歴

音 レキ

訓 —

プラス！

学歴、経歴、歴史的

武

音 ブ・ム

訓 —

プラス！

武器、武術《ぶじゅつ》、武道、武力

士

音 シ

訓 —

プラス！

飛行士、兵士、弁護《べんご》士《し》、名士、力士

「止」は足のこと。歩いたり、とまったり、もどったりする行動を表すよ。正しいにも「止」があるね。

舎

音 シャ

訓 —

プラス！

ひとやね（𠆢）という部首で、建物を表すよ。

史

音 シ

訓 —

プラス！

史学、史実、史上、世界史、日本史

読みがなを書こう

25 万が一に備えよう

① 災害時、非常食が配られた。

あ（　　）

い（　　）

② 常に飲み水を用意しておく。（　　）

③ かんづめを準備しておく。（　　）

④ かんづめは常温保《ほ》ぞんOK。（　　）

⑤ ガスや電気を使わない調理の知識。（　　）

⑥ しん災では、飲み水も必要だ。（　　）

⑦ 賞《しょう》味《み》期《き》限《げん》を意識して管理。（　　）

⑧ 備《そな》えの基準は三日分。（　　）

漢字を書こう

25 万が一に備えよう

① (あ)さいがい時、(い)ひじょう食が配られた。

あ〔　　〕 い〔　　〕

② つねに飲み水を用意しておく。

〔　　〕

③ かんづめをじゅんびしておく。

〔　　〕

④ かんづめはじょうおん保《ほ》ぞんOK。

〔　　〕

⑤ ガスや電気を使わない調理のちしき。

〔　　〕

⑥ しんさいでは、飲み水も必要だ。

〔　　〕

⑦ 賞味《しょうみ》期限《きげん》をいしきして管理。

〔　　〕

⑧ 備《そな》えのきじゅんは三日分。

〔　　〕

ミニ字典

25 万が一に備えよう

常

訓 つね

音 ジョウ

プラス！

常識、常時、正常、通常、日常、平常

非

訓 —

音 ヒ

プラス！

書き順注意。「丿」「三」「|」「三」の順だよ。

災

訓 —

音 サイ

プラス！

「巛」は、こう水のわざわいのこと。

「非」は鳥の左右の羽で、反対という意味だよ。そこから、「~でない」という使い方をするようになったよ。

〈例〉非常識→常識でない。

識

訓 —

音 シキ

プラス！

意識、見識、識者、識別、知識、標識

準

訓 —

音 ジュン

プラス！

基《き》準《じゅん》、準決勝、水準

おまけ

火を表す部首

☆ 調理には火を使うね。
ひへん（火）とれんが（灬）は、
「火」を意味する部首だよ。

下の漢字の部首は、ひへん（火）と
れんが（灬）のどっちが入るかな？
□に書いてみよう。

① □尭《や》く

② 者《に》□る

③ □欠《た》く

④ □少《いた》める

⑤ 蒸《む》□す

答え：①火 ②灬 ③火 ④火 ⑤灬

26 読みがなを書こう

家族みんなで食事

① 兄に、からあげを独せんされた。

② 今日は賛成多数でおすしです！

③ 家族に絶賛されたぼくのカレー。

④ わたしの家は、居間で食事をする。

⑤ 妹が食事中に居ねむりをした。

⑥ 祖父母（あ）と同居（い）し、大人数で食事。

（あ）

（い）

⑦ 家族は、先祖代々あんこ好き。

⑧ 独りより、家族で食べたい。

漢字を書こう

26 家族みんなで食事

① 兄に、からあげをどくせんされた。

② 今日はさんせい多数でおすしです！

③ 家族にぜっさんされたぼくのカレー。

④ わたしの家は、いまで食事をする。

⑤ 妹が食事中にいねむりをした。

⑥ (あ)そふぼと(い)どうきょし、大人数で食事。

⑦ 家族は、せんぞ代々あんこ好き。

⑧ ひとりより、家族で食べたい。

一人じゃないよ

ミニ字典

26 家族みんなで食事

居

音 キョ

訓 いる

プラス！

居住、住居、別居、居残り、居留守《いるす》

賛

音 サン

訓 —

プラス！

賛辞、賛同、賛美、自画自賛、賞賛《しょうさん》

独

音 ドク

訓 ひとり

プラス！

独学、独身、独自、独立、独り立ち

リビング↓居間・茶の間
キッチン↓台所
ダイニング↓食堂・食事室

祖

音 ソ

訓 —

プラス！

「ネ」は神様に関係があるよ。「ネ」と注意。

読みがなを書こう

27 そばもおいしいよ

① バス停前の、そば屋さんは大人気。

② 手打ちそばの講習会に参加。

③ 講師の先生がリズムよくこねる。

④ 久しぶりに塩でそばを食べた。

⑤ 岩塩は鉱物で石の仲間。

⑥ そば打ちは、持久力がいる。

⑦ コシがない原因を考える。

⑧ 因習にとらわれない食べ方。

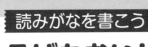

漢字を書こう

27 そばもおいしいよ

① バスてい前の、そば屋さんは大人気。〔　　〕

② 手打ちそばのこうしゅうかいに参加。〔　　〕

③ こうしの先生がリズムよくこねる。〔　　〕

④ ひさしぶりに塩でそばを食べた。〔　　〕

⑤ 岩塩はこうぶつで石の仲間。〔　　〕

⑥ そば打ちは、じきゅうりょくがいる。〔　　〕

⑦ コシがないげんいんを考える。〔　　〕

⑧ いんしゅうにとらわれない食べ方。〔　　〕

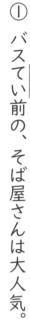

ミニ字典

27 そばもおいしいよ

鉱

音 コウ

訓 ―

プラス!

金鉱、銀鉱、鉱山、鉱石、鉱脈《こうみゃく》、炭鉱

講

音 コウ

訓 ―

プラス!

「冓」のまちがいが多いよ。よく見ようね。

停

音 テイ

訓 ―

プラス!

調停、停学、停止、停車、停電、停年

因

音 イン

訓 ―

プラス!

因果応報《いんがおうほう》、起因、勝因、敗因、要因

久

音 キュウ

訓 ひさしい

プラス!

永久歯、永久磁石《じしゃく》、持久走、久方ぶり

「大」は人が手足を広げている形。大きな頭をつけると「天」、下に地面をつけると「立」になるよ。

読みがなを書こう

28 あったら便利！調理器具

① キッチン定規㋐で、長さを測㋑る。

㋐（　　）　㋑（　　）

② キッチンスケールで重さを計測。

（　　）

③ 正規品の道具の方が安心だ。

（　　）

④ 圧力なべは、調理がかんたん。

（　　）

⑤ 銅のフライパンは焼きむらがない。

（　　）

⑥ お造りを切るための包丁。

（　　）

⑦ 自動料理製造ロボットがほしい。

（　　）

⑧ すぐに焼ける構造のオーブン。

（　　）

漢字を書こう

28 あったら便利！調理器具

① キッチンじょうぎで、長さをはかる。

あ　い

② キッチンスケールで重さをけいそく。

③ せいき品の道具の方が安心だ。

④ あつりょくなべは、調理がかんたん。

⑤ どうのフライパンは焼きむらがない。

⑥ おつくりを切るための包丁。

⑦ 自動料理せいぞうロボットがほしい。

⑧ すぐに焼けるこうぞうのオーブン。

ミニ字典

28 あったら便利！調理器具

圧

音 アツ

訓 ―

プラス！

圧死、圧勝、加圧、
気圧、血圧、水圧

測

音 ソク

訓 はかる

プラス！

観測、実測、測定、
測量、目測、予測

規

音 キ

訓 ―

プラス！

規格《きかく》、規準《きじゅん》、規制《きてい》、
規則、規定、正規

重さ・容積「量る」
時間「計る」
長さ・面積「測る」

造

音 ゾウ

訓 つくる

プラス！

改造、建造物、造花
造船、造園、無造作

銅

音 ドウ

訓 ―

プラス！

青銅、銅貨、銅線、
銅像《どうぞう》、銅板、分銅

読みがなを書こう

29 いいねカレーライス

① スパイスの効いたカレーが好き！

② スパイスには薬ぜん効果がある。

③ ㋐航海中に食べたシーフードカレーを、今でも㋑夢に見る。

㋐

㋑

④ あせをかきかき、夢中で食べる。

⑤ 牛にゅうを飲んで、からさを防ぐ。

⑥ カレーを食べて、夏バテ予防！

⑦ エプロンでカレーのしみ防止。

漢字を書こう

29 いいねカレーライス

① スパイスのきいたカレーが好き！

〔　　〕

② スパイスには薬ぜんこうかがある。

〔　　〕

③ ㋐こうかい中に食べたシーフードカレーを、今でも㋑ゆめに見る。

㋐〔　　〕 ㋑〔　　〕

④ あせをかきかき、むちゅうで食べる。

〔　　〕

⑤ 牛にゅうを飲んで、からさをふせぐ。

〔　　〕

⑥ カレーを食べて、夏バテよぼう！

〔　　〕

⑦ エプロンでカレーのしみぼうし。

〔　　〕

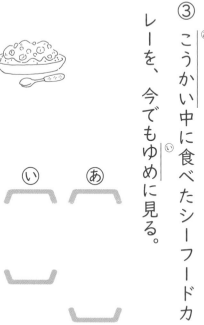

ミニ字典

29 いいねカレーライス

「阝」は、漢字の左側（へん）にくると「こざとへん」、右側（つくり）にくると「おおざと」になるよ。どちらも、天と地をつなぐ階だんや、積み上げた土を表すそうだよ。

航

音 コウ

訓 ―

プラス！

運航、帰航、航空機、航路、出航

効

音 コウ

訓 きく

プラス！

「刀」じゃないよ。「力」だよ！

防

音 ボウ

訓 ふせぐ

プラス！

消防車、防衛《ぼうえい》、防火、防災《ぼうさい》、防止

夢

音 ム

訓 ゆめ

プラス！

ねているのは夜だから、「夕」が入るんだね。

読みがなを書こう

30 一人前の料理人に

① 料理の基本は、衛生管理。

㋐（　　　）　㋑（　　　）

② 先ぱいに包丁の基そを教わる。

（　　　）

③ あいさつは、勢いよくする。

（　　　）

④ 総勢二十人のまかないを作る。

（　　　）

⑤ 新作メニュー作りを任された。

（　　　）

⑥ たん当者を料理長が任命する。

（　　　）

⑦ 十年の修練で結実した技術《ぎじゅつ》。

（　　　）

⑧ 接客《せっきゃく》方法も修める。

（　　　）

漢字を書こう

30 一人前の料理人に

① 料理の㋐きほんは、㋑えいせい管理。

㋐［　　　　］　㋑［　　　　］

② 先ぱいに包丁のきそを教わる。

［　　　　］

③ あいさつは、いきおいよくする。

［　　　　］

④ そうぜい二十人のまかないを作る。

［　　　　］

⑤ 新作メニュー作りをまかされた。

［　　　　］

⑥ たん当者を料理長がにんめいする。

［　　　　］

⑦ 十年のしゅうれんで結実した技術《ぎじゅつ》。

［　　　　］

⑧ 接客《せっきゃく》方法もおさめる。

［　　　　］

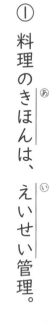

ミニ字典

30 一人前の料理人に

勢

音 セイ

訓 いきおい

プラス！

運勢、加勢、勢力、多勢に無勢

衛

音 エイ

訓 —

プラス！

衛兵、護衛《ごえい》、守衛、人工衛星、防衛《ぼうえい》

基

音 キ

訓 —

プラス！

「其」の形に注意してね。

「衛」は、「行」と「韋」からできているよ。「韋」は、「口（都市の城へき）」の周りを「止（足）」で回っている形だよ。それに「行」を合わせて、城の周りを守る意味になんだ。

修

音 シュウ

訓 おさめる　おさまる

プラス！

改修、修学旅行、修正、修理

任

音 ニン

訓 まかせる　まかす

プラス！

新任、責任《せきにん》、任期、任務《にんむ》、力任せ

おまけ

漢字で国名 ①

☆それぞれの有名な食べ物と漢字の国名を線でつなごう。

① ピロシキ（ロシア）・　　・ア 豪（濠太剌利）

豪国でなく
豪州の方だよ！

② カレー（インド）・　　・イ 露（露西亜）

③ パスタ（イタリア）・　　・ウ 独（独逸）

④ ステーキ（オーストラリア）・　　・エ 伊（伊太利）

⑤ ソーセージ（ドイツ）・　　・オ 印（印度）

答え：①−イ　②−オ　③−エ　④−ア　⑤−ウ

31 読みがなを書こう

ピクニックに行こう

① お弁当《べんとう》を食べるはん囲は公園内。（　　）

② みんなで囲んで、楽しいお弁当。（　　）

③ 食事中の人がいるので暴れない！（　　）

④ おかずばかり、暴食をする。（　　）

⑤ おやつを配り、友人を率いる。（　　）

⑥ からあげが入っている確率が高い。（　　）

⑦ おやつの用意を何度も確かめた。（　　）

⑧ お寺のお堂で、お茶休けい。（　　）

漢字を書こう

31 ピクニックに行こう

① お弁当《べんとう》を食べるはんいは公園内。〔　　〕

② みんなでかこんで、楽しいお弁当。〔　　〕

③ 食事中の人がいるのであばれない！〔　　〕

④ おかずばかり、ぼうしょくをする。〔　　〕

⑤ おやつを配り、友人をひきいる。〔　　〕

⑥ からあげが入っているかくりつが高い。〔　　〕

⑦ おやつの用意を何度もたしかめた。〔　　〕

⑧ お寺のおどうで、お茶休けい。〔　　〕

ミニ字典

31 ピクニックに行こう

率

音 リツ

訓 ひき**いる**

プラス！

円周率、効率《こうりつ》、倍率、百分率、比率《ひりつ》

暴

音 ボウ

訓 あば**れる**

プラス！

暴飲暴食、暴言、暴力、暴れ馬

囲

音 イ

訓 かこ**む**　かこ**う**

プラス！

「井」をワクでかこんだ形だね。

「確」は、「隹《ふるとり》（＝鳥）」を「冖（＝かご）」に入れて、「石」で重しをした形だよ。確実《かくじつ》にかごに入れている様子がわかるね。

堂

音 ドウ

訓 ——

プラス！

土の上に建てた、りっぱな建物のことだよ。

確

音 カク

訓 たし**か**　たし**かめる**

プラス！

確信、確実、確保《かくほ》、正確、的確、明確

読みがなを書こう

32 アメリカの文化

① ハロウィンで仮そうし、おかしゲット。（　　）

② 大統領もハンバーガー好き。（　　）

③ コーンブレッドは伝統料理。（　　）

④ 領土が広いので、主食も様々。（　　）

⑤ 家で七面鳥を飼っている人も多い。（　　）

⑥ 中部では飼料作物が農業の中心。（　　）

⑦ 二十世紀に広がったファストフード。（　　）

⑧ 統計によると、ピザも人気食。（　　）

漢字を書こう

32 アメリカの文化

① ハロウィンでかそうし、おかしゲット。

② だいとうりょうもハンバーガー好き。

③ コーンブレッドはでんとう料理。

④ りょうどが広いので、主食も様々。

⑤ 家で七面鳥をかっている人も多い。

⑥ 中部ではしりょう作物が農業の中心。

⑦ 二十せいきに広がったファストフード。

⑧ とうけいによると、ピザも人気食。

ミニ字典

32 アメリカの文化

領

音 リョウ
訓 ―

プラス！
横領、領海、領空、領地、領分、要領

統

音 トウ
訓 ―

プラス！
系統、血統、天下統一、統計、統合

仮

音 カ
訓 かり

プラス！
仮設住宅《かせつじゅうたく》、仮定、仮面、仮住まい

紀

音 キ
訓 ―

プラス！
紀元前、紀行文、日本書紀、風紀

飼

音 シ
訓 かう

プラス！
飼育係、飼い犬、飼い主、放し飼い

アメリカは漢字で「亜米利加」と書くんだ。「米」の一字でも、アメリカを表すこともあるよ。ちなみにイギリスは「英吉利」で、「英」の一字でも表せるよ。

33 調理実習の時間

① こがしたらぼくの責任だ。

② 失敗を責めないで、次に生かそう。

③ 調理実習のふり返りを記述。

④ 先生が感想を述べてくれた。

⑤ 初めての料理で、興味をもった。

⑥ ゆで時間のタイムキーパーを務めた。

⑦ かたづけまでが班の任務だ。

⑧ 均等に分けて食べよう。

漢字を書こう

33 調理実習の時間

① こがしたらぼくのせきにんだ。

② 失敗をせめないで、次に生かそう。

③ 調理実習のふり返りをきじゅつ。

④ 先生が感想をのべてくれた。

⑤ 初めての料理で、きょうみをもった。

⑥ ゆで時間のタイムキーパーをつとめた。

⑦ かたづけまでが班のにんむだ。

⑧ きんとうに分けて食べよう。

ミニ字典

33 調理実習の時間

興

音 コウ　キョウ

訓 ―

プラス！

両手で「同（酒）」を持ち上げた形。

述

音 ジュツ

訓 の**べる**

プラス！

「米」や「ホ」とまちがえないでね！

責

音 セキ

訓 せ**める**

プラス！

送りがなに注意！「責る」は×。

均

音 キン

訓 ―

プラス！

均一、均質《きんしつ》、均整、均等、平均気温

務

音 ム

訓 つと**める**　つと**まる**

プラス！

義務《ぎむ》教育《きょういく》、急務、雑務《ざつむ》、用務員

読みがなを書こう

34 自然たっぷり

① 県境の川には、アユがいる。

② 自然のめぐみで自給自足が可能だ。

③ 上流はひ境で、山菜が良く採《と》れる。

④ 過去には、ウナギも良くとれた。

⑤ 冬を過ぎるとサクラマスが現《あらわ》れる。

⑥ 勝手に魚をとると、罪になる。

⑦ 天然記念物をとるのは重罪だ。

⑧ 条件がそろうと出会える動物。

漢字を書こう

34 自然たっぷり

① けんざかいの川には、アユがいる。〔　〕

「けんきょう」とも読む

② 自然のめぐみで自給自足がかのうだ。〔　〕

③ 上流はひきょうで、山菜が良く採《と》れる。〔　〕

④ かこには、ウナギも良くとれた。〔　〕

⑤ 冬をすぎるとサクラマスが現《あらわ》れる。〔　〕

⑥ 勝手に魚をとると、つみになる。〔　〕

⑦ 天然記念物をとるのはじゅうざいだ。〔　〕

⑧ じょうけんがそろうと出会える動物。〔　〕

ミニ字典

34 自然たっぷり

過

音 カ

訓 すぎる　すごす

プラス！

過失、過大、過程《かてい》、過保護《かほご》、経過《けいか》

可

音 カ

訓 ―

プラス！

書き順注意！
「一」→「ロ」→「亅」だよ。

境

音 キョウ

訓 さかい

プラス！

「意」と「竟」をまちがえないで。

件

音 ケン

訓 ―

プラス！

件数、事件、人件《じんけん》費《ひ》、用件、要件

罪

音 ザイ

訓 つみ

プラス！

罪悪感、罪人、謝罪《しゃざい》、無罪、有罪

35 食事会におよばれ

読みがなを書こう

① 友人のお食事会に招かれた。

（　　　）

② 立食パーティーの招待状。

（　　　）

③ 会場のレストランに銅像がある。

（　　　）

④ 想像以上のおいしさだ。

（　　　）

⑤ 料理の文句(あ)は一切禁句(い)だ。

(あ)（　　　）

(い)（　　　）

⑥ 余った料理は持って帰ろう。

（　　　）

⑦ 食事の後に、余興を楽しんだ。

（　　　）

⑧ 故人をしのぶ食事会。

（　　　）

漢字を書こう

35 食事会におよばれ

① 友人のお食事会にまねかれた。

② 立食パーティーのしょうたいじょう。

③ 会場のレストランにどうぞうがある。

④ そうぞう以上のおいしさだ。

⑤ 料理の(あ)もんくは一切(い)きんくだ。

(あ)

(い)

⑥ あまった料理は持って帰ろう。

⑦ 食事の後に、よきょうを楽しんだ。

⑧ こじんをしのぶ食事会。

ミニ字典

35 食事会におよばれ

句

音 ク

訓 —

プラス！

禁《きん》句《く》、句会、句読点、語句、絶《ぜっ》句《く》

像

音 ゾウ

訓 —

プラス！

動物のゾウは「象」だよ。

招

音 ショウ

訓 まねく

プラス！

招集、招待客、手招き、招きねこ

故

音 コ

訓 —

プラス！

故意、故事成語、故人、事故

余

音 ヨ

訓 あまる
あます

プラス！

余寒、余《よ》罪《ざい》、余白、余分、余り物

おまけ

漢字で国名 ②

☆それぞれの有名な食べ物と漢字の国名を線でつなごう。

①パエリヤ（スペイン）・　　・㋐墨（墨西哥）

②タコス（メキシコ）・　　・㋑仏（仏蘭西）

③ケバブ（トルコ）・　　・㋒土（土耳古）

④ワイン（フランス）・　　・㋓伯（伯剌西爾）

⑤シュラスコ（ブラジル）・　　・㋔西（西班牙）

答え：①—㋔　②—㋐　③—㋒　④—㋑　⑤—㋓

読みがなを書こう

36 勝負飯で試合に備えよう

① ステーキに《てきに》トンカツ《勝つ》で燃えてきた！

② トンカツは、ぼくの燃料だ。

③ バナナで回復《かいふく》！眼光がかがやく。

④ 近眼にはブルーベリーが良い。

⑤ 液体のひ労回復サプリ。

⑥ 金メダリストの食生活を報道。

⑦ 試合前は小食が良いとの情報。

⑧ 新旧チャンピオン共に和食通。

漢字を書こう

36 勝負飯で試合に備えよう

① ステーキに《てきに》トンカツ《勝つ》でもえてきた！〔　　〕

② トンカツは、ぼくのねんりょうだ。〔　　〕

③ バナナで回復《かいふく》！がんこうがかがやく。〔　　〕

④ きんがんにはブルーベリーが良い。〔　　〕

⑤ えきたいのひ労回復サプリ。〔　　〕

⑥ 金メダリストの食生活をほうどう。〔　　〕

⑦ 試合前は小食が良いとのじょうほう。〔　　〕

⑧ しんきゅうチャンピオン共に和食通。〔　　〕

ミニ字典

36 勝負飯で試合に備えよう

液

音 エキ

訓 ―

プラス！

液化、液状《えきじょう》、血液、消毒液《しょうどくえき》、体液

眼

音 ガン

訓 ―

プラス！

眼科、眼中、近眼、肉眼、複眼《ふくがん》、老眼

燃

音 ネン

訓 **もえる** **もやす** **もす**

プラス！

可燃、再燃《さいねん》、燃費《ねんぴ》、不燃、燃えつきる

旧

音 キュウ

訓 ―

プラス！

「目」じゃなくて、「日」だよ。

報

音 ホウ

訓 ―

プラス！

速報、報告《ほうこく》、予報、果報はねて待て

37

読みがなを書こう

高級ホテルのシェフ

① コックぼうの長さで序列がわかる。

（　　）

② 全員が志をもって働く。

（　　）

③ お客様へのおもてなしの意志。

（　　）

④ ホテル改築記念メニューを作成。

（　　）

⑤ 歴代《れきだい》シェフの手で伝統《でんとう》が築かれた。

（　　）

⑥ 高級織物のテーブルクロス。

（　　）

⑦ シェフもホテル組織の一員だ。

（　　）

⑧ 一流ホテルは規則がきびしい。

（　　）

漢字を書こう

37 高級ホテルのシェフ

① コックぼうの長さでじょれつがわかる。

〔　〕

② 全員がこころざしをもって働く。

〔　〕

③ お客様へのおもてなしのいし。

〔　〕

④ ホテルかいちく記念メニューを作成。

〔　〕

⑤ 歴代《れきだい》シェフの手で伝統《でんとう》がきずかれた。

〔　〕

⑥ 高級おりもののテーブルクロス。

〔　〕

⑦ シェフもホテルそしきの一員だ。

〔　〕

⑧ 一流ホテルはきそくがきびしい。

〔　〕

ミニ字典

37 高級ホテルのシェフ

築

音 チク

訓 きずく

プラス!

移築《いちく》、建築、構築《こうちく》、新築、増築《ぞうちく》、築城

志

音 シ

訓 こころざす
こころざし

プラス!

「志す」の場合は、送りがなが必要。

序

音 ジョ

訓 —

プラス!

順序、自序、序曲、序の口、序文

りっとう（刂）は、刀などできざんだり、切ったりする意味があるよ。

則

音 ソク

訓 —

プラス!

原則、校則、四則、鉄則、反則、法則

織

音 シキ

訓 おる

プラス!

「職」「識」と似《に》ているから注意。

読みがなを書こう

38 食の助け合い

① 「フードバンク」という支え合い。

（　　　）

② 物資（あ）を支（い）えんして人々を救（う）う。

（あ）（　　　）（う）（　　　）

（い）（　　　）

③ 「子ども食《しょく》堂《どう》」は、子どもの救（あ）えん・地いき交流の場としてそん在（い）。

（あ）（　　　）

（い）（　　　）

④ 正義感（あ）の強いシェフの支（い）えん。

（あ）（　　　）

（い）（　　　）

⑤ 食の助け合いの在り方を考えよう。

（　　　）

⑥ 調理の資格が無くても手伝える。

（　　　）

⑦ 世界中で支持されるボランティア。

（　　　）

漢字を書こう

38 食の助け合い

① 「フードバンク」というささえ合い。

〔　　〕

② ㋐ぶっし を ㋑しえん して人々を ㋒すくう。

㋐〔　　〕 ㋑〔　　〕 ㋒〔　　〕

③ 「子ども食堂《しょくどう》」は、子どもの ㋐きゅうえん・地いき交流の場としての ㋑そんざい。

㋐〔　　〕 ㋑〔　　〕

④ ㋐せいぎかん の強いシェフの ㋑しえん。

㋐〔　　〕 ㋑〔　　〕

⑤ 食の助け合いの あり方を考えよう。

〔　　〕

⑥ 調理の しかく が無くても手伝える。

〔　　〕

⑦ 世界中で しじ されるボランティア。

〔　　〕

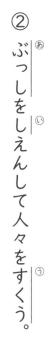

ミニ字典

38 食の助け合い

救

音 キュウ

訓 すくう

プラス！

救急車、救護《きゅうご》、救出、救助、救命

資

音 シ

訓 —

プラス！

資金、資産、資質《ししつ》、出資、資本、資料

支

音 シ

訓 ささえる

プラス！

支出、支店、支流、支はらい、十二支

義

音 ギ

訓 —

プラス！

意義、義足、義理、民主主義、類義語

在

音 ザイ

訓 ある

プラス！

在学、在庫、在校生、自由自在、不在

「義」の上は「羊」だよ。漢字に羊がよく使われるのは、漢字が生まれたところが、昔の中国おく地で、遊牧民族が多く、羊が身近だったからなんだ。

読みがなを書こう

39 あま〜いデザート

① 三そう構造のパフェ！（　　）

② なりふり構わずアイスを食べる。（　　）

③ 動物園土産《みやげ》の、象の特大チョコ。（　　）

④ 上品なあまさが印象的。（　　）

⑤ 山脈の清水《しみず》を使ったようかん。（　　）

⑥ 注文に応えて、アイスを重ねる。（　　）

⑦ ドーナツ一年分のけん賞《しょう》に応ぼ。（　　）

⑧ プリンを食べた犯人はだれ？（　　）

漢字を書こう

39 あま〜いデザート

① 三そうこうぞうのパフェ！

② なりふりかまわずアイスを食べる。

③ 動物園土産《みやげ》の、ぞうの特大チョコ。

④ 上品なあまさがいんしょう的。

⑤ さんみゃくの清水《しみず》を使ったようかん。

⑥ 注文にこたえて、アイスを重ねる。

⑦ ドーナツ一年分のけん賞《しょう》におうぼ。

⑧ プリンを食べたはんにんはだれ？

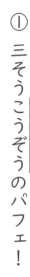

あま～いデザート

脈

音 ミャク
訓 ―

プラス! 「月」と流れる水の形だよ。

象

音 ショウ ゾウ
訓 ―

プラス! 動物のゾウの形をもとにしたよ。

構

音 コウ
訓 かま**える** かま**う**

プラス! 仕組みや、かまえに関するときに使うよ。

「犯」のけものへん（犭）は犬のことだよ。
犬は漢字にもよく出てくるよ。
昔から中国では、犬は身近な動物だったんだね。

犯

音 ハン
訓 ―

プラス! 共犯、主犯、犯意、犯行、犯罪《はんざい》、防犯《ぼうはん》

応

音 オウ
訓 こた**える**

プラス! 反応は「ハンオウ」でなく「ハンノウ」と読むよ。

読みがなを書こう

40 バイキングでおなかいっぱい

① 貸し切りバスで、バイキングツアー。

② 旅程には、ナシがりもある。

③ 「食べ残し禁《きん》止《し》」と明示してある。

④ せん属の人が取り分けてくれる。

⑤ デザート食べ放題も付属。

⑥ その程度の量では、元が取れないよ。

⑦ 時計のはりが終わりを示す。

⑧ 皿の数で食べた量を証明した。

漢字を書こう

40 バイキングでおなかいっぱい

① かし切りバスで、バイキングツアー。

② りょていには、ナシがりもある。

③ 「食べ残し禁止《きんし》」とめいじしてある。

④ せんぞくの人が取り分けてくれる。

⑤ デザート食べ放題もふぞく。

⑥ そのていどの量では、元が取れないよ。

⑦ 時計のはりが終わりをしめす。

⑧ 皿の数で食べた量をしょうめいした。

40 バイキングでおなかいっぱい

貸

音 —

訓 かす

プラス！

「貸す」と「借りる」正しく覚えよう！

程

音 テイ

訓 —

プラス！

音程、過程《かてい》、行程、規程《きてい》、道程、日程

証

音 ショウ

訓 —

プラス！

確証《かくしょう》、証言、証人、証文、保険証《ほけんしょう》

「示」は、神様をまつる祭だん（台）の形だよ。しめすへん（ネ）も同じだよ。

示

音 ジ

訓 しめす

プラス！

暗示、提示《ていじ》、例示

属

音 ゾク

訓 —

プラス！

帰属、金属、所属、属性《ぞくせい》、直属、配属

学力の基礎をきたえどの子も伸ばす研究会

HPアドレス　http://gakuryoku.info/

常任委員長　岸本ひとみ
事務局　〒675-0032 加古川市加古川町備後178-1-2-102 岸本ひとみ方　☎・Fax 0794-26-5133

① めざすもの

私たちは、すべての子どもたちが、日本国憲法と子どもの権利条約の精神に基づき、確かな学力の形成を通して豊かな人格の発達が保障され、民主平和の日本の主権者として成長することを願っています。しかし、発達の基盤ともいうべき学力の基礎を鍛えられないまま落ちこぼれている子どもたちが普遍化し、「荒れ」の情況があちこちで出てきています。

私たちは、「見える学力、見えない学力」を共に養うこと、すなわち、基礎の学習をやり遂げさせることと、読書やいろいろな体験を積むことを通して、子どもたちが「自信と誇りとやる気」を持てるようになると考えています。

私たちは、人格の発達が歪められている情況の中で、それを克服し、子どもたちが豊かに成長するような実践に挑戦します。

そのために、つぎのような研究と活動を進めていきます。

①　「読み・書き・計算」を基軸とした学力の基礎をきたえる実践の創造と普及。
②　豊かで確かな学力づくりと子どもを励ます指導と評価の探究。
③　特別な力量や経験がなくても、その気になれば「いつでも・どこでも・だれでも」ができる実践の普及。
④　子どもの発達を軸とした父母・国民・他の民間教育団体との協力、共同。

私たちの実践が、大多数の教職員や父母・国民の方々に支持され、大きな教育運動になるよう地道な努力を継続していきます。

② 会　　員

・本会の「めざすもの」を認め、会費を納入する人は、会員になることができる。
・会費は、年4000円とし、7月末までに納入すること。①または②

①郵便振替　口座番号　00920-9-319769
名　　称　学力の基礎をきたえどの子も伸ばす研究会

②ゆうちょ銀行
店番099　店名○《ゼロ》九《キュウ》九《キュウ》店　当座0319769

・特典　研究会をする場合、講師派遣の補助を受けることができる。
大会参加費の割引を受けることができる。
学力研ニュース、研究会などの案内を無料で送付してもらうことができる。
自分の実践を学力研ニュースなどに発表することができる。
研究の部会を作り、会場費などの補助を受けることができる。
地域サークルを作り、会場費の補助を受けることができる。

③ 活　　動

全国家庭塾連絡会と協力して以下の活動を行う。

・全 国 大 会　全国の研究、実践の交流、深化をはかる場とし、年１回開催する。通常、夏に行う。
・地域別集会　地域の研究、実践の交流、深化をはかる場とし、年１回開催する。
・合宿研究会　研究、実践をさらに深化するために行う。
・地域サークル　日常の研究、実践の交流、深化の場であり、本会の基本活動である。可能な限り月１回の月例会を行う。
・全国キャラバン　地域の要請に基づいて講師派遣をする。

全国家庭塾連絡会

① めざすもの

私たちは、日本国憲法と教育基本法の精神に基づき、すべての子どもたちが確かな学力と豊かな人格を身につけて、わが国の主権者として成長することを願っています。しかし、わが子も含めて、能力があるにもかかわらず、必要な学力が身につかないままになっている子どもたちがたくさんいることに心を痛めています。

私たちは学力研が追究している教育活動に学びながら、「全国家庭塾連絡会」を結成しました。

この会は、わが子に家庭学習の習慣化を促すことを主な活動内容とする家庭塾運動の交流と普及を目的としています。

私たちの試みが、多くの父母や教職員、市民の方々に支持され、地域に根ざした大きな運動になるよう学力研と連携しながら努力を継続していきます。

② 会　　員

本会の「めざすもの」を認め、会費を納入する人は会員になれる。
会費は年額1500円とし（団体加入は年額3000円）、8月末までに納入する。
会員は会報や連絡交流会の案内、学力研集会の情報などをもらえる。

事務局　〒564-0041 大阪府吹田市泉町4-29-13 影浦邦子方　☎・Fax 06-6380-0420
郵便振替　口座番号　00900-1-109969　　名称　全国家庭塾連絡会

漢字とイメージがむすびつく！ たべもの漢字ドリル　小学５年生

2022年３月10日　発行
●著者／井上 佳和
●発行者／面屋 尚志
●発行所／フォーラム・A
〒530-0056 大阪市北区兎我野町15-13-305
TEL／06-6365-5606　FAX／06-6365-5607
振替／00970-3-127184
●印刷／尼崎印刷株式会社
●製本／株式会社高廣製本
●デザイン／美濃企画株式会社
株式会社髙木新盛堂
●制作担当編集／樫内 真名生
●企画／清風堂書店
●HP／http://foruma.co.jp/